Todos a bordo

Los trenes monorrieles

por Jenna Lee Gleisner

Bullfrog en español

Ideas para padres y maestros

Bullfrog Books permite a los niños practicar la lectura de textos informativos desde el nivel principiante. Las repeticiones, palabras conocidas y descripciones en las imágenes ayudan a los lectores principiantes.

Antes de leer

- Hablen acerca de las fotografías. ¿Qué representan para ellos?
- Consulten juntos el glosario de las fotografías. Lean las palabras y hablen de ellas.

Durante la lectura

- Hojeen el libro y observen las fotografías. Deje que el niño haga preguntas. Muestre las descripciones en las imágenes.
- Léale el libro al niño o deje que él o ella lo lea independientemente.

Después de leer

- Anime al niño para que piense más. Pregúntele: ¿Has viajado alguna vez en un tren monorriel? ¿Dónde lo tomaste?

Bullfrog Books are published by Jump!
5357 Penn Avenue South
Minneapolis, MN 55419
www.jumplibrary.com

Library of Congress Cataloging-in-Publication Data

Names: Gleisner, Jenna Lee, author.
Title: Los trenes monorrieles
por Jenna Lee Gleisner.
Other titles: Monorail trains. Spanish
Description: Minneapolis, MN: Jump!, Inc., 2020.
Series: Todos a bordo | Includes index.
Audience: Ages 5–8. | Audience: Grades K–1.
Identifiers: LCCN 2019027994 (print)
LCCN 2019027995 (ebook)
ISBN 9781645272564 (hardcover)
ISBN 9781645272571 (ebook)
Subjects: LCSH: Monorail railroads
United States—Juvenile literature.
Classification: LCC TF694 .G5418 2020 (print)
LCC TF694 (ebook) | DDC 388.4/2—dc23

Editor: Jenna Trnka
Designer: Molly Ballanger
Translator: Annette Granat

Photo Credits: amirulsyaidi/iStock, cover; Sailorr/Shutterstock, 1; velirina/Shutterstock, 3; Bayurov Alexander/Shutterstock, 4, 23br; Javier Larrea/Age Fotostock, 5, 23tl; Alexander Gatsenko/Shutterstock, 6–7, 23bl; Hanna Alandi/Shutterstock, 8; ClaraNila/iStock, 9; Christian Ohde/imageBROKER/SuperStock, 10–11; Michael Willis/Alamy, 12–13; Lucy Clark/Dreamstime, 14–15, 23tr; vewfinder/Shutterstock, 16; drial7m1/iStock, 17; Ceri Breeze/Shutterstock, 18–19; Bea Cooper/Alamy, 20–21.

Printed in the United States of America at Corporate Graphics in North Mankato, Minnesota.

Tabla de contenido

Un riel

¿Has visto un tren monorriel?

¡Quizá has viajado en uno!

riel

Estos trenes usan un riel.

Este está situado sobre un riel.

¡Este cuelga de un riel!

Estos trenes no
viajan muy rápido.

Van más despacio para
que podamos ver.

Este está en
un zoológico.

Vemos animales.

Este está en un parque temático.

¡Está en Walt Disney World!

¡Qué divertido!

Este está en Seattle.

Seattle, Washington

Podemos ver la ciudad.

conductor

Podemos sentarnos cerca del conductor.

¡Qué fantástico!

¡Todos a bordo!

Monorrieles en Estados Unidos

Este es un mapa de los monorrieles en Estados Unidos. ¿Hay alguno cerca de donde vives?

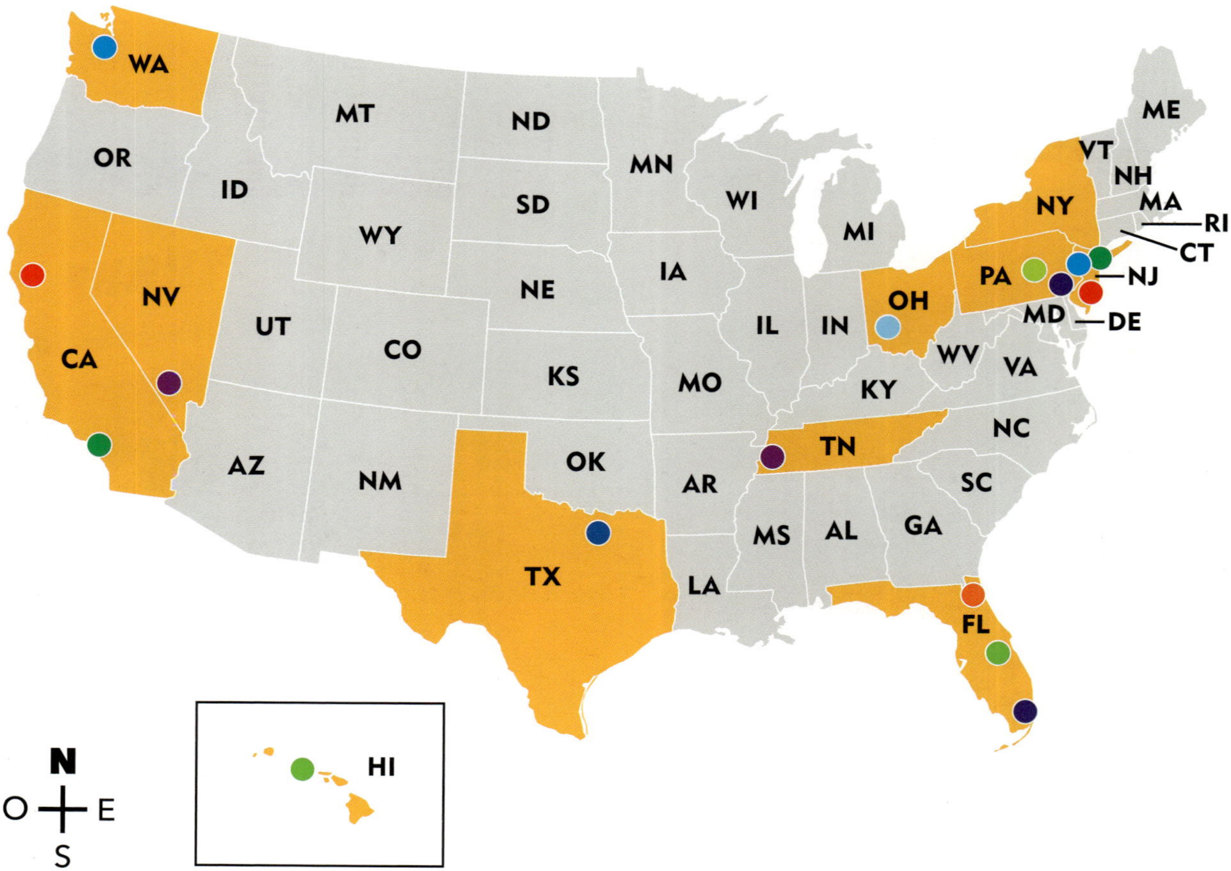

Glosario de las fotografías

a bordo
Dentro de o entrando a un tren, un barco o una aeronave.

parque temático
Un parque de diversiones con juegos mecánicos y estructuras basados en un tema.

riel
Una barra de acero que forma una vía para medios de transporte con ruedas, como los trenes.

tren monorriel
Un tren que viaja sobre un riel, ya sea colgado del riel o balanceándose en este.

Índice

Para aprender más

Aprender más es tan fácil como 1, 2, 3.

1. Visite www.factsurfer.com
2. Escriba "lostrenesmonorrieles" en la caja de búsqueda.
3. Haga clic en el botón "Surf" para obtener una lista de sitios web.